(Conserver la couverture)

LE CIMETIÈRE

FRANCO-MÉROVINGIEN

DE NESLES-LEZ-VERLINCTHUM

CANTON DE SAMER, ARRONDISSEMENT DE BOULOGNE-SUR-MER

Par V.-J. VAILLANT

3ᵉ RAPPORT ANNUEL

Extrait du *Bulletin de la Commission des Antiquités
départementales du Pas-de-Calais*

ARRAS

TYPOGRAPHIE DE SÈDE ET Cⁱᵉ, RUE DU VENT-DE-BISE

1887

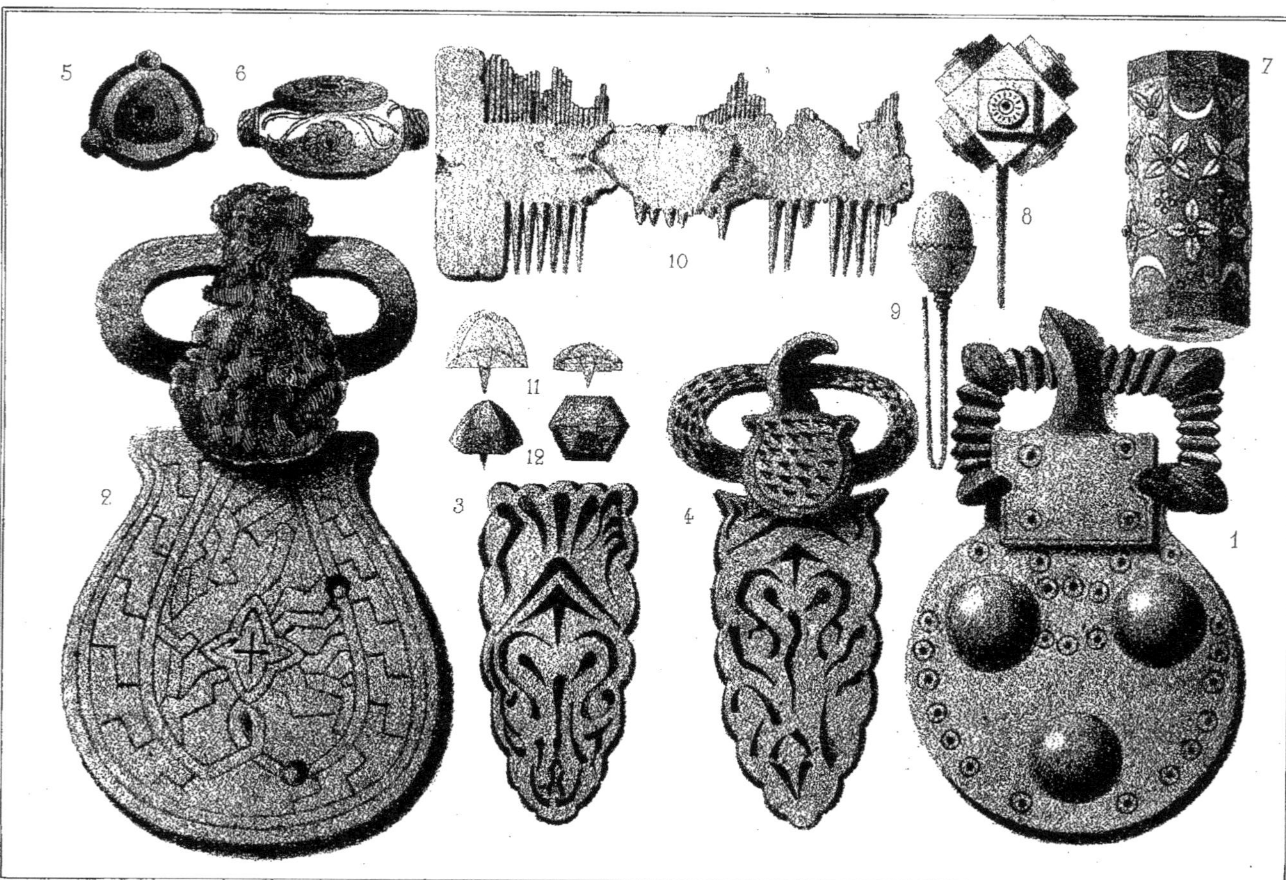

V-J-Vaillant del.t 1886

LE CIMETIÈRE

FRANCO-MÉROVINGIEN

DE NESLES-LEZ-VERLINCTHUM

CANTON DE SAMER, ARRONDISSEMENT DE BOULOGNE-SUR-MER

3ᵉ RAPPORT ANNUEL

Depuis le rapport que j'ai eu l'honneur de soumettre à la Commission en 1885, on continue à faire des découvertes intéressantes dans les sépultures franques de Nesles.

S'il m'est impossible de préciser le nombre des tombes fouillées depuis l'automne dernier, je crois cependant pouvoir les estimer à quatre-vingts environ. Une assez notable proportion n'ont point donné de résultats. La raison en est péremptoire : elles avaient été ouvertes et explorées à une époque dont aucun indice appréciable ne décèle la date.

Le fait de leur violation ressort à l'évidence du déplacement des os des squelettes et de l'absence presque totale de mobilier funéraire.

C'est ainsi que les fémurs d'une femme avaient pris la place des bras ; ailleurs, plusieurs têtes avaient été hâtivement rejetées soit sur le bassin et entre les jambes écartées des sujets, soit sur l'un des flancs du cadavre.

Les armes et les bijoux, les objets de toilette et les instruments en bronze faisaient complètement défaut ; tout avait été enlevé, à l'exception de quelques objets en fer que leur valeur insignifiante ou leur profonde détérioration avait fait respecter ou abandonner. D'autres, comme certaines verroteries, avaient, grâce à leur petit volume, échappé aux yeux et aux recherches des spoliateurs. Le cas le plus remarquable s'est présenté dans la tombe d'une jeune femme dont les ossements avaient été bouleversés et le mobilier sépulcral ravi : on découvrit néanmoins, adhérant encore au crâne, quelques minces lamelles d'or, dernière épave de la bandelette lamée qui avait servi à relever ses cheveux : elles sont identiquement semblables à celles qui furent trouvées à Tournai dans le tombeau de Childéric et que l'on voit figurées dans la description qu'en a faite l'abbé Cochet.

Les extractions se sont continuées dans des terrains perméables à l'air et à la pluie : aussi la décomposition des corps y a-t-elle été très complète. Les ossements tombent en poussière à la moindre pression ; les crânes et les mâchoires s'effondrent entre les doigts qui les saisissent. Les objets en bois et en fer sont extrêmement fragiles : le fer s'effrite en petites écailles ; le bois se présente réduit en humus ou en tourbe. Lorsque le fer et le bois se sont trouvés en contact, l'oxydation a amalgamé le métal, les fibres ligneuses et la marne du sol en un magma qu'il est impossible de réduire. Les monnaies de bronze — moyen et petit module — sont tellement entamées par l'oxydation et empâtées de sels de cuivre formant un magma de craie, que pas une n'a pu être déchiffrée.

La profondeur des fosses reste celle qui a été précédemment indiquée ; elle varie entre 30 centimètres et 1 mètre 50. Il s'en est rencontré quelques-unes plus bas encore, jusqu'à 2 mètres ; mais ce fait ne s'est guère présenté que là où deux corps avaient été superposés. Cette particularité mérite d'être notée, attendu qu'il semble résulter de ce double étage de cercueils que la première sépulture datait d'une époque assez ancienne pour qu'on en eût perdu trace et souvenir au moment où la seconde eut lieu. Il y aurait donc là une preuve indirecte d'un établissement séculaire à Nesles : les Francs s'y seraient fixés et succédé pendant un laps de temps fort considérable, se superposant même dans la mort comme dans la vie aux tribus gauloises qui **y** avaient fondé leurs établissements et commencé la nécropole adoptée, usurpée plus tard par les nouveaux arrivants.

Il faut également mentionner la présence, constatée dans la presque universalité des tombes de Nesles, de nodules ou rognons de sulfate de fer : une pyrite -- ce que nos paysans nomment un *cuir bouilli* — se trouve soit au-dessus soit à côté de chaque cadavre ; parfois un gros silex remplace la pyrite. Il y a lieu peut-être de voir dans cette pratique un souvenir ou l'analogue de celle qui a été signalée parmi les populations lacustres de l'Helvétie : les sépultures des bords du lac de Neufchâtel, entre autres, montrent en effet les squelettes soutenus, calés à la tête et aux pieds, au moment où ils étaient mis en terre, au moyen de gros cailloux destinés à les maintenir dans la position consacrée, c'est-à-dire couchés sur le dos et la face tournée vers le ciel. On pourrait croire encore que ces pyrites ou ces pierres étaient destinées à signaler la proximité d'un cadavre à l'attention de ceux qui auraient pu se disposer à creuser une fosse au même endroit : elles auraient donc servi à protéger l'inviolabilité des sépultures et à assurer le respect des morts.

Cette remarque s'applique plus particulièrement à un petit groupe de tombes qui se distinguent par leurs petites dimensions et par leur profondeur. Elles ont été foncées à un mininum de $1^m,80$ de la surface et le vide de la fosse ne mesure en moyenne que $1^m,50$ de longueur. Or, ce sont là les caractères observés dans les fosses des palafittes suisses, et elles ont paru bien exigues, bien courtes pour l'inhumation d'hommes dans le développement de l'âge mûr. Aussi s'est-on demandé — et je me pose la même question au sujet de ce groupe de sépultures de Nesles — si, au lieu de les étendre à plat et de toute la longueur de leur corps sur le fond de la tombe, on ne les repliait pas en maintenant les extrémités au moyen de ces gros cailloux, ou bien si on leur donnait la posture d'hommes assis ou accroupis. S'il en était ainsi, les guerriers déposés dans ces fosses étroites ont pu appartenir à une génération ou à une tribu qui avait conservé des traditions ou des usages plus anciens.

Les objets trouvés à leurs côtés confirmeraient jusqu'à certain point l'existence d'une population moins avancée dans la civilisation que les Francs, dont nous avons déjà étudié les armes et les bijoux.

Trois tombes ouvertes au commencement d'août — elles étaient jüxtaposées — renfermaient en effet des boucles et des plaques de baudrier qui produisent cette impression d'une certaine infériorité industrielle et artistique. Les unes sont entièrement en bronze ; dans d'autres le fer est introduit pour l'ardillon et la charnière. Quant à la forme elle est élémentaire, tout en restant fort effective : ici, un disque circulaire ; là, une sorte de coquille plate à oreillons ; ou bien encore une feuille dentelée, soit entière, soit tronquée. Toutes, elles dérivent — caractère nouveau pour Nesles — de ce que l'on désigne ordinairement comme le type burgonde ou rhénan. Les fouilles de Charnay ont donné les spécimens les plus connus, par exemple les numéros 3, 4 et 5 de la planche viii de l'album qui illustre le *Mémoire sur les sépultures des Barbares de l'époque mérovingienne trouvées en Bourgogne* et décrites par M. H. Baudot, président de la Commission des Antiquités de la Côte-d'Or.

L'une de celles trouvées à Nesles (n° 1), tout en bronze, orbiculaire de forme, avec coulant ou anneau écaillé, a pour décor trois bossettes bombées et de gros points cerclés disposés en orle et incisés au maillet.

Une autre (n° 2) en forme de coquille cornée, large de 6 centimètres, porte au centre une croix dans un fleuron losangé qu'encadrent des méandres et des zig-zags de lignes irrégulièrement gravées au burin.

L'ornement des autres (n°ˢ 3 et 4) semble avoir été grossièrement entaillé à la gouge et à l'échoppe avec un maillet : il se compose de lignes droites et courbes pour le corps de la boucle, d'un pointillé angulaire pour l'ardillon et le coulant, et d'un léger pointillé pour le corps d'une troisième qui n'est pas figurée ici.

Ces formes et ce décor se sont déjà rencontrés dans le Boulonnais : les vitrines du Musée conservent diverses boucles et plaques qui les reproduisent d'assez près · mais il faut noter que toutes sont en fer, tandis que celles de Nesles sont en bronze.

Divers débris d'objets en fer, profondément oxydés, semblent faire partie du harnachement de ces mêmes guerriers, bien qu'ils n'aient pas été trouvés dans les mêmes fosses. Ce sont des anneaux de différentes grandeurs, soit isolés, soit formant des maillons de chaîne : ils sont assez solides pour aller de pair avec les gigantesques garnitures de baudrier qui faisaient l'orgueil des Burgondes de Charnay.

Huit fosses, situées les unes près des autres, sont remarquables pour la forme des cercueils qu'elles renfermaient. Ceux-ci ressemblent aux bières employées de nos jours ; ils étaient étroits aux pieds, s'élargissant jusqu'aux épaules où ils prenaient leurs dimensions maxima, puis se retrécissant à la tête. Les planches en étaient fort épaisses, à en juger par la forte couche d'humus noir qu'elles ont laissée dans le sol. On n'y distingue aucune trace de clous. On n'y a absolument rien trouvé que des ossements désagrégés. Ces inhumations paraissent être les plus modernes de toute cette nécropole.

Ailleurs, le mobilier sépulcral comprenait un petit nombre de vases en terre, soit noire, soit grise, des formes caractéristiques de l'époque gallo-romaine et mérovingienne, et avec des décors appliqués à la roulette. Aucun objet en verre n'a été recueilli entier : sur divers débris on aperçoit des traces de gravure à la roue et à la pointe de diamant (1).

Les plus intéressantes reliques des peuplades franques établies au pied du Mont-de-Violette, celles qui donnent la note dominante de la campagne 1885 1886, ce sont les verroteries et les pâtes cérames qui composaient leurs colliers. Toutes les formes à l'exception des polyèdres, toutes les grandeurs, toutes les alliances de couleurs, toutes les dispositions s'y rencontrent ; la variété en est si grande que je renonce à les analyser et à les décrire. En outre, dans plusieurs des grosses perles rondes, ovoïdes ou déprimées, sphériques, cylindriques ou prismati-

____

(1) Voir *Exemples de Gravure antique sur verre*, par Robert Mowat. Rev. Archéol., t. XLIV, 1882 : pp. 280-300, avec planches et figures.)

ques, où le verre, la terre cuite et l'émail se combinent harmonieusement, on peut saisir sur le vif le procédé même de leur fabrication, et se rendre un compte exact de la méthode mise en pratique pour juxtaposer, transposer, alterner, renverser, intercaler et souder les diverses parties ou sections de ces petits bijoux où brillent l'ingéniosité et le goût délicat des artistes francs de l'ère mérovingienne (Fig. 5, 6 et 7).

En un mot, les colliers polychromes de Nesles n'ont rien à envier à ceux de Charnay, à ceux de Gerstheim et d'Odratzheim, à ceux de Fluy, de Marchélepot et d'Hermes, ni à ceux qui brillent dans les vitrines du Musée de Boulogne.

Une fibule aviforme avec incrustations de grenats syriens, d'un modèle nouveau ; — une autre de forme carrée, dont deux têtes d'oiseaux de proie constituent 'e principal motif ; — un collier composé de 52 perles d'ambre ; — des boucles d'oreille, l'une à tête polyédrique ornée de topazes, et l'autre se terminant par un gland creux monté dans sa cupule (Fig. 8 et 9) ; — un certain nombre de cercles très minces en bronze qui semblent avoir été portés aux bras en forme de manche métallique depuis le poignet jusqu'au coude, et même jusqu'aux attaches de l'épaule (1) ; — un gros bracelet en jayet ou lignite ; — enfin, un peigne à deux rangées opposées de dents, qui me paraît avoir été taillé dans une plaque d'ivoire (Fig. 10) : tel est l'inventaire succinct des trouvailles les plus remarquables.

Le nom du petit village de Nesles-lez-Verlincthun a désormais tous les droits pour revendiquer sa place dans la liste des communes où des cimetières mérovingiens ont été reconnus et explorés. Une liste de ce genre fut dressée, il y a six ans, par M. Alexandre Bertrand, directeur du Musée de Saint-Germain, d'après les dossiers de la Commission de la Topographie de la Gaule. Le département du Pas-de-Calais y était porté, en 1879, parmi les plus riches en sépultures franques : 42 localités (2)

(1) Cf. *Un tumulus du Jura, au Champ Peupin, près Cheilly*, par M. de Vivès, Revue archéologique, t. xxx, 1875 : p. 286.

(2) Ambrines, Arques, Audincthun, Baincthun, Barly, La Beuvrière, Biache, Blendecques, Boursin, La Buissière, Doignies (?), Echinghen,

y étaient inscrites à ce titre parmi les 557 enregistrées. Ce chiffre aurait été plus que doublé, s'il avait été tenu compte des indications si précises inscrites dans le Bulletin de la Commission et résultant des explorations archéologiques qui ont été faites par M. Terninck dans notre département.

La station de Nesles peut y être ajoutée d'office.

V.-J. VAILLANT.

Août 1886.

PLANCHE III

1, 2, 3 et 4. Boucles de baudrier ou de ceinturon, bronze.
5 et 6. Perles de collier ou de bracelet.
7. Grande perle prismatique polychrome.
8 et 9. Boucles d'oreille.
10. Peigne.
11 et 12. Clous de bronze.

N. B. — *Tous ces objets sont de la grandeur réelle, excepté le n° 7 qui est dessiné au double.*

Ergny, Ervillers, Estrée-Cauchy, Eterpigny, Fampoux, Ferques, Hardenthun, Hardinghen, Hénin-Liétard, Hocquinghen, Izel-lez-Equerchin, Lens, Leulinghen, Marest, Marœuil, Nesles, Nœux, Noyelles-Vion, Planques, Roclincourt, Saint-Hilaire-Cottes, Saint-Léonard, Savy, Souchez, Uzelot, Vitry, Waben, Wanquetin, Witternesse, Wizernes, Yeuses. (Revue archéologique, t. xxxviii, 1879, p. 202, etc.).

Arras. — Typ. de Sède et Cⁱᵉ

9 782019 941178